AF248298

LES RELATIONS

DE L'ANGLETERRE ET DE LA FRANCE

A LA SUITE DE

L'ATTENTAT D'ORSINI

PAR

GEORGES-DENIS WEIL

JUGE SUPPLÉANT AU TRIBUNAL DE LA SEINE

PARIS

IMPRIMERIE C. MARPON ET E. FLAMMARION

26, RUE RACINE, PRÈS L'ODÉON

1888

LES RELATIONS

DE L'ANGLETERRE ET DE LA FRANCE

A LA SUITE DE

L'ATTENTAT D'ORSINI

LES RELATIONS

DE L'ANGLETERRE ET DE LA FRANCE

A LA SUITE DE

L'ATTENTAT D'ORSINI

PAR

GEORGES-DENIS WEIL

JUGE SUPPLÉANT AU TRIBUNAL DE LA SEINE

PARIS

IMPRIMERIE C. MARPON ET E. FLAMMARION

26, RUE RACINE, PRÈS L'ODÉON

1888

LES RELATIONS

DE L'ANGLETERRE ET DE LA FRANCE

A LA SUITE DE

L'ATTENTAT D'ORSINI

L'attentat d'Orsini demeurera célèbre dans l'histoire.
Ce n'est pas seulement l'atrocité du forfait qui en perpé-
tuera le souvenir; ce sont encore les incidents politiques
et diplomatiques auxquels il a donné lieu; ce sont les
malheurs publics dont il a failli être la source, et sur la
perspective desquels ne s'étaient d'ailleurs pas arrêtés
les yeux indifférents d'assassins fanatiques absorbés dans
leur œuvre de destruction. D'autres bombes que celles
qui ont blessé ou tué les victimes aux abords de l'Opéra
ont été près d'éclater, et la machine infernale recelait
dans ses flancs plus d'engins meurtriers que ne l'avaient
imaginé ses auteurs : à la suite du sinistre événement,
la France et l'Angleterre ont failli en venir aux prises.
Heureusement la guerre a pu être écartée, et ce n'est que
dans la politique intérieure de chacun des deux pays que
s'est fait sentir le contre-coup de l'attentat : en France,
la liberté déjà si compromise a été étouffée tout à fait,
et la loi de sûreté générale a été la réponse directe au
complot; en Angleterre, la secousse a amené le renver-

sement du parti whig, et l'avènement temporaire du parti conservateur. Elle a abattu le ministère de lord Palmerston, qui, chef du cabinet depuis deux ans, semblait inébranlable, qui avait résisté aux péripéties de la guerre de Crimée, à l'émotion causée par l'insurrection de l'Inde, qui venait encore de recevoir, il y avait à peine dix mois, une marque éclatante de la confiance populaire : mis en minorité dans le Parlement au sujet des affaires de Chine, il avait fait appel au pays, et le pays lui avait envoyé pour le soutenir, disons mieux, pour le venger, une majorité supérieure à celle avec laquelle il avait gouverné sous l'ancienne assemblée. On eût dit un chêne dont les racines étaient puissamment engagées dans le sol, qui pouvait braver tous les orages ; et voilà qu'à la suite de l'affaire Orsini, il est tombé comme une feuille morte au souffle du vent.

Nous voulons relater ici les phases du différend franco-anglais, et de la crise ministérielle qu'il fit naître de l'autre côté du détroit.

I

Au commencement de l'année 1858, l'intimité des deux peuples qui avaient été frères d'armes en Crimée, subissait un déclin. Les alliés s'étaient querellés pour l'exécution des conditions du traité de Paris : lord Palmerston reprochait à l'Empereur trop de condescendance pour la Russie ; il se montrait opposé à l'union des Principautés Danubiennes que le gouvernement français patronnait. D'autres faits venaient encore à la traverse de l'entente cordiale : le gouvernement anglais voyait avec une jalousie croissante la France obtenir la concession du canal

de Suez, et il se livrait à une série d'intrigues pour empêcher le Sultan de ratifier cette concession octroyée par le
Vice-roi d'Égypte à M. de Lesseps. Une certaine aigreur
avait ainsi affecté les rapports entre les deux cabinets.
Le 9 novembre 1857, lord Palmerston, parlant au banquet
du lord maire, et entonnant un chant de triomphe au
sujet des victoires par lesquelles l'Angleterre achevait
alors d'écraser l'insurrection de l'Inde, s'était laissé aller
à des paroles fanfaronnes qui avaient paru lancées à l'a-
dresse de la France : « Si, — avait-il dit, — quelque nation
étrangère s'est imaginée que ces lointains efforts (*l'obli-
gation d'envoyer une armée aux Indes*) nous ont affaiblis
au cœur de notre empire, et que l'heure est venue où on
peut se conduire envers nous autrement qu'au temps de
notre force, l'énergie avec laquelle le sentiment national s'est déclaré, la rapidité avec laquelle nos rangs se
sont remplis apprendront au monde que ce ne serait pas
un jeu sûr de vouloir prendre avantage de cette prétendue faiblesse. » Lord Palmerston a déclaré plus tard,
dans une lettre adressée à lord Clarendon, que cette
apostrophe ne visait pas particulièrement la France, mais
tout le continent où, écrit-il, « depuis six mois on nous
taxait de pouvoir de second ordre. » En tous cas, dans
l'entourage impérial, on s'était cru visé par le fameux
passage ; d'ailleurs, le premier ministre lui-même, dans
une mention tracée à l'époque sur un cahier de notes
journalières, laisse entendre que cette interprétation
pouvait bien n'être pas erronée : « On m'en veut beaucoup à Compiègne, écrit-il. Je n'y puis rien. Il n'y a que
la vérité qui offense. »

C'est précisément à cette heure où se refroidissait l'a-
mitié contractée sous la tente, que le crime ourdi sur le
sol britannique par des réfugiés italiens venait jeter la
consternation en France.

II

La nouvelle excita en Angleterre l'indignation la plus vive. Les sentiments qui se firent jour alors n'étaient pas seulement ceux qu'un peuple civilisé éprouve toujours en présence d'un assassinat. Napoléon III jouissait d'une grande popularité dans le pays où il avait vécu pendant les jours d'exil, et l'horreur pour le forfait se doublait de l'intérêt inspiré aux Anglais par la victime que les meurtriers avaient choisie. En outre, cette conspiration ayant été, comme nous le rappelions plus haut, préparée et mûrie en Angleterre, par des individus ayant mis à profit l'hospitalité que nos voisins se piquent d'accorder avec une libéralité sans limite aux réfugiés de tous les pays, la nation sentait qu'elle n'était pas de ce chef sans encourir une certaine responsabilité ; que, compromise par ses hôtes, elle ne pourrait jamais trop accentuer son attitude pour repousser toute solidarité avec eux.

C'est ici qu'il convient de dire comment l'Angleterre exerce le droit d'asile, cause tout au moins latente du différend qui surgit à cette époque, et quels sont, à cet égard, ses mœurs et sa législation. On comprendra alors à quelle fausse position elle était acculée, et comme elle était obligée de proclamer, plus haut que tout autre peuple, la répudiation de doctrines abominables, à peine pour elle d'en paraître le soutien complaisant.

De tous temps elle a tenu à honneur d'être appelée la terre des proscrits. Dans une péroraison superbe, un orateur (1) célébrait au siècle dernier cette loi britannique « qui proclame à l'étranger, dès qu'il met le pied sur le sol

(1) Curran, fameux avocat irlandais qui devint plus tard Maître des Rôles d'Irlande. Le passage cité ici est extrait d'un plaidoyer retentissant qu'il prononça, en 1794, en faveur d'Hamilton Rowan, inculpé d'une publication séditieuse en Irlande.

anglais, que cette terre qu'il foule est sainte et consacrée par le génie de la liberté universelle. Il n'importe en quel langage la condamnation de cet homme peut avoir été prononcée ; il n'importe que sa complexion semble incompatible avec la liberté, et qu'un soleil indien ou américain l'ait brûlé de ses rayons. Il n'importe en quelle bataille désastreuse son indépendance aura succombée. Il n'importe avec quelle solennité il aura été consacré sur l'autel de l'esclavage. Du moment où il touche le sol sacré de l'Angleterre, l'autel et le dieu s'écroulent dans la poussière. Son âme prend son essor dans toute sa majesté, son corps se déploie en faisant éclater ses chaînes, et il se dresse racheté, régénéré, affranchi par le génie irrésistible de l'émancipation universelle. »

Sans remonter à la Grande Charte où on lisait déjà cette disposition que l'Anglais est fier de rappeler comme la marque pour son pays d'une civilisation ancienne, à savoir que « les marchands... doivent avoir toute sûreté d'allures pour quitter l'Angleterre et pour y pénétrer (1) », et à ne parcourir que les âges modernes, la nation n'a, à aucun moment jusqu'à la fin du XVIIIᵉ siècle, même dans les heures les plus troublées de son histoire, expulsé les étrangers du royaume. Ni Élisabeth pendant la guerre avec l'Espagne, alors qu'elle était exposée aux intrigues des émissaires de Philippe II, ni Charles II dans les dangers qui pouvaient menacer les débuts de la Restauration, ni le catholique Jacques II lorsque la révocation de l'Édit de Nantes amenait en Angleterre des légions de protestants, n'ont songé à se défendre avec une arme qui leur eût cependant été d'un grand secours.

(1) On trouve encore dans les Rôles du Parlement, pendant la dix-huitième année du règne d'Édouard Iᵉʳ, la réponse du roi à une pétition des citoyens de Londres qui avaient demandé l'expulsion des étrangers sous prétexte « qu'ils s'enrichissaient au détriment des nationaux ». Le roi déclare que « les marchands étrangers sont utiles aux grands, et qu'il n'a pas le dessein de les expulser ».

Le souverain se trouvait placé sous ce rapport par la constitution dans une impuissance que fait ressortir une anecdote dont le souvenir était rappelé au Parlement en 1816. Charles II avait pour rival, auprès d'une de ses maîtresses, et pour rival préféré, un Français qui n'avait pas craint de s'afficher au théâtre avec sa conquête, sous les yeux du roi, comme pour le narguer. C'était le temps où les droits de la Couronne semblaient sans limites ; et Charles II n'avait qu'à demander au roi-soleil comment un prince doit s'y prendre pour s'assurer la voie libre dans ses amours. Cependant il n'osa pas expulser le Français (1) ; il dut se contenter de recourir à l'intervention de Louis XIV qui rappela son sujet en France. Cet épisode qui a été enregistré par un écrivain français du temps a même servi de thème à notre compatriote pour s'abandonner à l'effusion de ses sentiments monarchistes, et pour prendre en pitié un pays où le souverain n'avait pas la liberté de chasser de ses États un personnage ayant l'audace de s'aventurer dans le pays du Tendre sur d'augustes brisées.

C'est en 1792 que le Parlement fut, pour la première fois, saisi d'un *Alien Bill*. Le projet avait été présenté par le cabinet de Pitt qui se montrait très alarmé des progrès

(1) Charles II faisait preuve, sur la question, de plus de scrupules que n'en avait eu son père. Charles Ier excédé, au début de son mariage, des allures d'une camarilla turbulente que la reine Henriette avait amenée de France avec elle, voulut se débarrasser des « Monsieurs », comme il les désigne à plusieurs reprises dans sa correspondance. On a conservé de lui, à ce sujet, une lettre curieuse qui ne rappelle que de loin, comme le dit plaisamment un critique, le style de l'Eikon Basilike. Elle est adressée au duc de Buckingham, et datée de Oaking, le 7 août 1626 : « Étienne, j'ai reçu votre lettre..... Voici ma réponse. Je vous commande de renvoyer demain tous les Français hors de la ville, en employant la douceur si vous pouvez ; mais ne vous attardez pas longtemps à discuter ; si vous n'arrivez pas par la douceur, chassez-les de force comme autant de bêtes sauvages, jusqu'à ce que vous les ayez embarqués, et que le diable les emporte ! Je n'admets pas de réponse autre que l'accomplissement de mon ordre. (*Original letters illustrative of English History*, par H. Ellis, t. III, 1re série.)

de la Révolution française, et redoutait de voir des émissaires jacobins débarquer dans le royaume pour y faire
de la propagande anarchiste. Fox combattit la mesure ;
mais elle fut soutenue ardemment par Burke qui, dans
un discours célèbre, exhala sa haine contre le nouveau
régime de la France : « Le bill aura pour effet, dit-il, de
tenir loin de l'Angleterre les assassins athées qui veulent
jeter bas l'Église et l'État, la religion et Dieu, la moralité
et le bonheur. Le pouvoir extraordinaire (*le droit d'expulsion*) que la loi va donner au ministère est nécessaire, et
sert même à attester que le peuple qui le confère est
libre. Car si la Couronne possédait une pareille préroga-
tive en temps de paix, ce serait trop pour la liberté, et
si elle n'avait pas des attributions plus étendues en temps
de guerre, ce ne serait plus assez pour le salut public.....»
C'est au cours de cette harangue qu'appelant à son aide
un artifice en harmonie avec les mœurs oratoires d'une
époque où soufflaient des passions effrénées, il laissa
tomber sur le plancher de la Chambre, un poignard en
disant : « Voilà ce que vous avez à gagner à une alliance
avec la France. Partout où ils introduisent leurs principes, leur pratique doit suivre. Je vote pour la loi parce
qu'elle... empêchera l'introduction des principes français et des poignards français. Quand ces hommes rient,
je vois le sang qui coule sur leur visage. Je vois leurs
dessins odieux. Je vois que le but de toutes leurs cajole-
leries est le sang. J'avise, à l'heure présente, mes conci-
toyens de se méfier de ces exécrables philosophes, etc....

Illic niger est : hunc tu, Romane, caveto. »

Une éloquence aussi démonstrative ne pouvait man-
quer son effet ; et le Parlement vota une loi décrétant,
entre autres dispositions, que « lorsque Sa Majesté pro-
clamerait par un ordre en conseil qu'un étranger aurait à
quitter le royaume, cet étranger, s'il désobéissait à la pro-

clamation, pourrait être mis en état d'arrestation, sans caution possible, sur l'ordre d'un des secrétaires d'État». Cette loi, qui ne devait durer que jusqu'en 1794, fut renouvelée d'année en année jusqu'en 1803, soit même après la paix d'Amiens. Lors de la reprise des hostilités, elle fut aggravée, et augmentée de nouvelles clauses pour subsister « jusqu'à l'expiration des trois mois qui suivront la ratification du traité de paix définitif. » La commotion qui se fit sentir en Europe longtemps encore après que les puissances eurent posé les armes, rendit nécessaire aux yeux du Cabinet le maintien de l'*Alien Bill* au delà de 1814. Il fut continué d'abord pour un an, en 1814 et en 1815, puis prolongé ensuite de deux ans en deux ans jusqu'en 1824. Ses effets n'expirèrent définitivement qu'en 1826.

Depuis cette époque, la loi n'a été ressuscitée, et pour une année seulement, que deux fois, et à des époques très éloignées l'une de l'autre, en 1848 et en 1882 (1) ; les deux fois, il s'agissait pour l'Angleterre de faire face aux troubles qui agitaient l'Irlande, et que venaient attiser les Américains originaires de l'île.

Il ne faudrait pas, en constatant le retour incessant, dans un espace de trente ans, de ces mesures exceptionnelles, s'imaginer que le droit d'asile n'est plus comme autrefois de la part des Anglais, l'objet d'un culte, et que, depuis une période presque contemporaine, ils font bon marché de principes autrefois sacrés pour eux. Les circonstances dans lesquelles ils ont consenti une dérogation au droit, et la façon dont ils l'ont consentie, témoignent au contraire que la règle leur est aussi chère que par le passé. On notera d'abord que la loi n'a jamais été votée que dans des conjonctures extraordinaires, et que comme un instrument de salut public. Quand un pays croit son salut en jeu, son premier devoir

(1) Loi du 12 juillet 1882 pour prévenir le crime en Irlande (art. 15).

est de se défendre, et des rêveurs seuls peuvent lui demander de persister alors dans l'application de théories chevaleresques incompatibles avec l'état de guerre. Or le Cabinet n'a jamais proposé de mesures d'expulsion qu'en les plaçant sous le patronage d'une nécessité patriotique. Il s'est toujours défendu de les présenter pour complaire à un gouvernement étranger. On remarquera ensuite que ce n'est jamais qu'une loi d'une durée essentiellement limitée qui a été débattue et adoptée, à l'encontre de ce qui se passe en d'autres pays (1), en France par exemple où une loi permanente, celle de 1849, confère au ministre de l'intérieur le droit de faire conduire un étranger à la frontière (2). Il convient de dire enfin que le ministère n'a jamais usé de la loi qu'avec la réserve la plus extrême (3), et que même aucune expulsion n'est intervenue sous l'empire des *Acts* de 1848 et de 1882.

Pour compléter le tableau, et mettre encore mieux en

(1) Signalons en passant la récente législation sur la matière de quelques États d'Europe.

La Constitution fédérale suisse du 29 mai 1874 (art. 70) donne à la Confédération « le droit de renvoyer de son territoire les étrangers qui compromettent la sûreté intérieure ou extérieure de la Suisse ».

En Danemark, aux termes d'une loi de 1875, une personne qui n'a pas obtenu l'indigénat ni le droit d'établissement, peut toujours être expulsée par arrêté ministériel, quand cette mesure est justifiée par sa conduite, si toutefois elle n'est pas fixée sur le territoire danois depuis deux ans.

En Belgique, aux termes d'une loi de 1885, l'étranger qui par sa conduite compromet la tranquillité publique, ou celui qui est poursuivi ou qui a été condamné à l'étranger pour les crimes ou délits qui donnent lieu à l'extradition, peut être contraint de sortir du royaume par arrêté royal, délibéré, pour le premier cas, en conseil des ministres.

Pour le Grand-Duché de Luxembourg, une loi analogue a été votée en 1880.

(2) M. Talandier avait, en 1880, introduit un projet de loi tendant à l'abrogation de la loi de 1849. La commission chargée du rapport a conclu au rejet. La discussion sur le rapport a été ajournée.

(3) Il résulte de rapports présentés à la Chambre des Communes que de 1793 à 1816, soit pendant la période qui comprend les guerres de la République et de l'Empire, il n'y a eu que 634 expulsions. — En 1803, le ministère avait bien expulsé pour un instant 1.700 étrangers originaires de France ou de pays sous la domination française ; mais comme le gouvernement français ne

lumière le sentiment qui a régné de tout temps en Angle-
térre sur la question, disons que ces mesures toutes
temporaires qu'elles étaient, toutes justifiées qu'elles
paraissaient être par des périodes de crise, ont toujours
soulevé l'opposition ardente des chefs du parti libéral,
d'un Fox, d'un Brougham, d'un John Russell. En 1824,
un membre des Communes, M. Hobhouse introduisait
un amendement au projet en. discussion à l'effet de déclarer que « l'*Alien Bill* est une honte pour nos codes ;
que c'est une marque de servilité rattachant le gouvernement anglais à la ligue désignée par une expression
impie sous le nom de Sainte-Alliance ; que la Chambre
ayant assisté avec alarme et horreur aux empiètements
monstrueux de cette alliance sur les droits des particu-
liers et l'indépendance des nations, ne sanctionnera jamais une mesure par laquelle la nation anglaise semble-
rait faire cause commune avec les patrons de la tyrannie
contre les victimes de la persécution (1). » Ce bill, disait
encore lord Stuart dans la discussion de 1848, devrait
être intitulé « un bill pour abolir les dispositions de la
Grande Charte qui ont trait à la libre entrée, à la libre
résidence des étrangers dans notre île, pour assimiler à
cet égard le gouvernement de la Grande-Bretagne aux
gouvernements despotiques du continent. » Aussi lors-

leur permit pas de débarquer, le cabinet anglais rapporta à leur égard la mesure d'expulsion.

De 1816 à 1824 il n'y a eu que quinze expulsions parmi lesquelles on relève
celles de M. Las Cases et son fils en 1817, de M. de Gourgaud en 1818, et de
Mme de Montholon en 1819.

(1) Dans la discussion de 1816 à la Chambre des lords, un membre, lord
Auckland, présentait contre le bill un argument qui, sous une forme plaisante,
cachait un grand fonds de vérité. Répondant à ceux qui redoutaient une propagande révolutionnaire faite par les étrangers, il disait : « Le dédain que l'Anglais a pour les manières et le langage des étrangers est le plus sûr préserva-
tif contre le danger. Le premier mot qu'un étranger voudrait prononcer, et dans
lequel se rencontreraient les lettres *th* ou *w*, bouleverserait tous les complots
qu'il aurait pu former contre la paix publique. »

qu'en 1824, Robert Peel annonçait qu'il introduisait l'*Alien Bill* pour la dernière fois, que désormais le gouvernement n'entendait plus en demander le renouvellement, la déclaration fut-elle accueillie au Parlement par des applaudissements unanimes.

Les cabinets whig ou tory qui se sont succédé en Angleterre depuis un demi-siècle ne devaient pas être tentés, on le comprend, de remonter un courant irrésistible; mais, au contraire, sachant que ni le Parlement, ni l'opinion ne leur pardonneraient un instant de faiblesse sur la matière, ils ont, en toutes occasions, inflexiblement résisté aux instances comme aux sommations des autres puissances. On a souvent cité la réponse de lord Hawkesbury, chef du Foreign Office, à Bonaparte qui prétendait exiger après la paix d'Amiens, l'expulsion des réfugiés français : « Le gouvernement français s'est mépris sur la disposition des Anglais et sur le caractère de leur gouvernement, si on l'a induit à penser que les représentations d'un pouvoir étranger pourraient jamais les amener à consentir à violer les droits sur lesquels sont fondés les libertés du peuple de cette contrée. » Quand Bonaparte continuait d'insister auprès de lui par ses agents, et croyait devoir lui rappeler que l'*Alien Act* permettait d'expulser les étrangers, lord Hawkesbury répliquait en faisant précisément la distinction que nous signalions plus haut, entre un acte de salut public et une mesure de condescendance vis-à-vis d'une puissance quelconque : « ..... Si la loi permet d'expulser les étrangers qui sont un danger pour la paix intérieure du royaume....., il ne suit pas que ce serait faire de cette loi une application régulière que de la mettre en vigueur contre ceux dont on se plaint aujourd'hui (1)... ».

Cinquante ans plus tard, lord Palmerston et lord Gran-

____

(1) Dépêche de lord Hawkesbury à M. Merry (28 août 1803).

ville durent encore opposer la même fin de non-recevoir aux réclamations combinées des puissances qui, après 1848, avaient adressé au gouvernement anglais des plaintes sur les menées du *Comité central démocratique européen*, siégeant à Londres et présidé par Ledru-Rollin, Mazzini et autres. Cette fois, la France, faisant acte de courtoisie internationale, s'était abstenue de pousser jusqu'au bout ses réclamations. Mais l'Autriche, sans plus de succès d'ailleurs, se montra plus tenace, et son ambassadeur adressa au ministère anglais une note fort vive dans laquelle il lui rappelait que l'Angleterre ne s'était pas fait scrupule, quand sa sécurité personnelle était en jeu, de suspendre le droit d'asile ; et il lui signifiait que, si elle refusait de faire à la sécurité de fidèles alliés un sacrifice semblable, ceux-ci imiteraient contre elle les procédés par lesquels elle savait se défendre, et expulseraient ses nationaux, comme elle savait, à l'occasion, expulser les étrangers (1). Malgré le caractère commina-

---

(1) *Dépêche du comte Buol, ministre plénipotentiaire d'Autriche à lord Palmerston.* 9 décembre 1851 : « ... Lorsqu'en 1848, l'agitation à laquelle était en proie l'Irlande excitait aux États-Unis d'ardentes sympathies, le gouvernement anglais, se prévalant des pouvoirs extraordinaires dont l'avait muni le Parlement, donna l'ordre d'arrêter tous les voyageurs provenant des États-Unis comme suspects *prima facie* par cela seul qu'ils arrivaient d'un pays qui avait manifesté ses sympathies pour les insurgés irlandais. Répondant aux plaintes articulées à ce sujet par le représentant des États-Unis, lord Palmerston justifia alors les mesures de son gouvernement par des raisons qui semblent au Soussigné parfaitement concluantes... Le principal secrétaire d'État de S. M. Britannique établit (*au représentant des États-Unis*)... que le gouvernement américain ne saurait prendre en mauvaise part que le gouvernement de S. M. Britannique ait eu recours à des mesures de précaution et de répression à l'égard de tous les individus, de quelque nationalité qu'ils fussent, qui arriveraient d'Amérique en Angleterre, et que si des citoyens des États-Unis avaient choisi cette époque de troubles pour venir faire en Irlande une visite innocente, ils ne sauraient être surpris si, comme des gens amenés par leur curiosité au milieu d'un champ de bataille, ils se trouvent englobés dans des mesures préparées en vue de gens d'une autre espèce.

« Cette argumentation, l'Autriche ne serait-elle pas en droit de la faire valoir vis-à-vis de l'Angleterre, si le gouvernement ne trouvait pas moyen de mettre un terme aux machinations agressives dirigées contre le repos de l'empire

toire de cette note qui faillit même amener un conflit, lord Granville et lord Palmerston ne cédèrent pas. « Si, — écrivait lord Granville dans une circulaire du 13 janvier 1852 à ses agents diplomatiques de Vienne, Saint-Pétersbourg, Paris et Francfort, — si un pouvoir discrétionnaire pour expulser les étrangers était conféré à la Couronne, des appels seraient constamment faits par le parti dominant dans les pays étrangers pour l'expulsion de ses adversaires politiques qui se seraient réfugiés dans la Grande-Bretagne. Les gouvernements monarchiques se plaindraient qu'on accueillit les réfugiés républicains ; les gouvernements républicains se plaindraient qu'on accueillît les réfugiés royalistes, et il deviendrait difficile de défendre une hospitalité qui serait fondée alors sur la faveur et non sur des lois uniformes. »

Ces principes sont assurément fort généreux et sont séduisants pour les philanthropes. Le peuple qui imposait ainsi à ses voisins les effets pour lui inoffensifs de ses théories humanitaires pouvait s'y complaire, et jouir du plaisir de s'admirer dans sa facile vertu. Mais que devaient penser de ces théories ces mêmes voisins qui les

d'Autriche par les réfugiés politiques séjournant en Angleterre ; et les voyageurs anglais seraient-ils fondés à se plaindre si, provenant d'un pays où des manifestations et, ce qui plus est, des actes ouvertement hostiles à l'Autriche, sont tolérés, ils n'étaient désormais plus admis dans cet empire que sous la garantie de mesures de précautions exceptionnelles ? »

Dépêche du prince de Schwarzenberg au comte de Buol. 4 février 1852 :
« ... La liberté d'action presque illimitée dont les réfugiés ont joui jusqu'ici par rapport aux trames révolutionnaires qu'un grand nombre d'entre eux ne cesse d'ourdir contre le repos des États du continent, nous impose le devoir de prendre, de notre côté, quelques mesures de précautions... Les autorités compétentes recevront dès lors l'ordre de redoubler de vigilance à l'égard des voyageurs provenant d'Angleterre, et d'exécuter strictement par rapport à leurs passeports les règlements en vigueur auxquels on avait jadis, sous l'empire d'autres circonstances, pris l'habitude de faire de fréquentes exceptions en faveur des sujets britanniques. Le gouvernement impérial se réserve d'ailleurs la faculté d'aviser à des mesures ultérieures, si malheureusement le besoin s'en faisait encore sentir. »

goûtaient dans leur application? En tous cas, si des
maximes chimériques avaient chance d'être excusées en
raison de l'idée libérale dont elles s'inspirent, ce n'était
pas de la part du gouvernement impérial qu'il fallait es-
pérer une indulgence dictée par un fonds de tendresse
pour la liberté. Si le côté élevé de la politique anglaise
pouvait être discerné au travers d'erreurs déplorables,
devait-il être perceptible aux yeux de ce gouvernement
qui, quelques mois plus tard, allait, par la loi de sûreté
générale, décréter l'internement ou l'expulsion des suspects (1)? Le Cabinet des Tuileries était d'ailleurs fondé à
adresser à l'Angleterre quelques dures vérités, et à lui
dire: « Votre prétendue générosité à l'égard des réfugiés
accueillis par vous sans distinction n'est qu'une apathie
égoïste. C'est en tant seulement que l'ivraie ne peut
nuire qu'aux autres peuples que vous vous épargnez
la peine de la séparer du bon grain. Vous avez refusé
de nous écouter quand, il y a quelques années à peine,
de concert avec toute l'Europe, nous cherchions à
vous convaincre. Aussi votre obstination a-t-elle porté
ses fruits. Si vous aviez fermé vos portes à Orsini et à
Pieri, à Rudio et à Gomez, auraient-ils trouvé sur le
continent moins hospitalier un abri où ils pussent dans
le calme et la sécurité recruter leur bande, et confec-
tionner leurs engins? Votre indifférence vous a rendus
complice de ces hommes. » Les Anglais sentaient bien
qu'ils n'étaient pas sans prêter le flanc à une pareille
accusation; ils s'efforçaient donc et se flattaient de la
prévenir par des manifestations de condoléance stérile-
ment sympathiques.

(1) Art. 7 de la loi du 27 février 1858: « Peut être interné dans un des dé-
partements de l'empire ou en Algérie, ou expulsé du territoire, tout individu
qui a été soit condamné, soit interné, expulsé ou transporté par mesure de
sûreté générale, à l'occasion des événements de mai et juin 1848, de juin 1849
ou de décembre 1851, et que des faits graves signaleraient de nouveau comme
dangereux pour la paix publique. »

III

Leur illusion ne dura guère, ét la France ne tarda pas à leur exprimer d'une rude façon que la foi qui n'agit point n'est pas une foi sincère. Dans les premières heures qui suivirent l'attentat, Napoléon III, familiarisé de longue date avec les mœurs des Anglais, et édifié sur la susceptibilité extrême qu'ils montraient à l'égard du droit d'asile, sembla se résigner à un mal nécessaire; il ne parut pas vouloir récriminer bien vivement contre le cabinet britannique, ni lui demander sur un ton bien agressif des explications qu'il savait d'avance devoir être déclinées. Mais l'Empereur avait à compter avec son entourage, avec ses familiers qui venaient de trembler pour l'homme, seul appui de leur fortune fraîchement édifiée, et qui, d'ailleurs, en accentuant leur indignation , pensaient faire leur cour au souverain. Celui-ci pressentait bien qu'il allait être entraîné par eux : une lettre que deux jours après l'événement, le 17 janvier, il écrivait à la reine Victoria, atteste à la fois et son sang-froid dans le moment présent, et son appréhension d'être bientôt poussé à un rôle de combat : « ... Dans l'effervescence du moment, les Français veulent voir partout des complices du crime, et j'ai peine à résister aux mesures extrêmes qu'on me fait prendre. Mais cet événement ne me fera pas dévier de mon calme habituel, et tout en cherchant à fortifier le gouvernement, je ne veux être coupable d'aucune injustice. »

A peine avait-il écrit ces lignes que se développait autour de lui une effervescence à laquelle il ne sut pas résister. L'exemple tomba de haut, et les deux premiers fonctionnaires de l'État prirent l'initiative d'adresses insultantes contre l'Angleterre. « L'esprit révolutionnaire chassé de France a élu domicile au dehors, disait le président du Sénat dans sa harangue à l'Empereur, et s'est fait cosmopolite. *C'est de ces citadelles extérieures dressées contre l'Europe au milieu de l'Europe même* que sont envoyés des sicaires fanatiques, etc. » Le président du Corps législatif ne s'exprimait pas d'une façon moins vive : « ... Lorsque *les populations* voient d'aussi abominables attentats se préparer au dehors, elles se demandent comment des gouvernements voisins et amis sont impuissants à détruire ces laboratoires d'assassinats, et comment les saintes lois de l'hospitalité peuvent s'appliquer à des bêtes féroces (1). » Mais ce langage violent fut encore dépassé dans la célèbre *manifestation des colonels* qui est demeurée un monument de rhétorique militaire. Voici comment était conçue l'adresse du 82ᵉ de ligne à l'Empereur : « Les bêtes féroces qui, à des époques périodiques, quittent le sol étranger pour venir inonder de sang les rues de votre capitale ne nous inspirent que du dégoût, et si Votre Majesté a besoin de soldats pour atteindre ces hommes *jusque dans leur repaire*, nous la prions humblement de désigner le 82ᵉ régiment pour faire partie de l'avant-garde de cette armée. » Les officiers de la 2ᵉ division militaire de Rouen disaient encore : « Que le repaire infâme où s'ourdissent d'aussi infernales machinations soit détruit à tout jamais ! (2) »

Le gouvernement pouvait, tout en se complaisant dans ces témoignages bruyants, décliner la responsabilité d'un mouvement qu'il aurait feint de croire spontané. Il eut,

(1) *Moniteur* du 17 janvier.

(2) *Moniteur* des 27 et 28 janvier.

Citons encore le passage d'une brochure publiée à l'époque : « Les Anglais réservent toutes les douceurs de leur hospitalité pour des hommes tels que Kossuth, Mazzini, Ledru-Rollin, Orsini, Pieri, qui ne sont que des instruments dans leurs mains pour les lancer, à défaut de soldats dont ils manquent, sur les gouvernements du Continent » (*Attitude et conduite de l'Angleterre envers la France et les autres nations*, par Anatole de Savignac)

au contraire, la mauvaise inspiration de patronner offi-
ciellement ces rodomontades, et de. les insérer tout au
long dans le *Moniteur*. En même temps, sur place, à
Londres, notre ambassadeur, M. de Persigny, répondant
à une députation amenée par le lord maire pour lui présenter les condoléances de la Cité, oubliait la réserve
commandée par ses fonctions, et s'élevait hautement
contre la législation anglaise. « Son langage en cette
occasion, nous dit l'historien Mac Carthy, dégageait
cette odeur de cantine et de caserne que le Prince Consort se plaignait de respirer auprès de tous ceux qui ap-
prochaient l'Empereur. »

Pour clore la liste de ces préliminaires gros d'orages,
le comte Walewski adressait à M. de Persigny, le 20 janvier (1), une dépêche qui fût communiquée le lendemain
à lord Clarendon, ministre des affaires étrangères, dépêche
demeurée historique, qui, quoique de forme assez modé-
rée, parut, à des esprits déjà surexcités, être une suite
en harmonie avec les déclarations insultantes des premiers jours. Elle contenait notamment ce passage au
sujet de l'attitude des adeptes de la démagogie en Angleterre : « C'est l'assassinat érigé en doctrine... Le droit
d'asile doit-il donc protéger un tel état de choses? L'hospitalité est-elle due à des assassins? La législation
anglaise doit-elle servir à favoriser leurs desseins et
leurs manœuvres, et peut-elle continuer à couvrir des
gens qui se mettent eux-mêmes, par des actes flagrants,
en dehors du droit commun, et au ban de l'humanité? »
L'irritation du gouvernement français, par la forme peu
mesurée qu'elle avait affectée, engendra contre nous, en
Angleterre, une irritation semblable. L'amour - propre
britannique se sentit blessé au vif; et, pendant un instant, on crut voir revivre entre les deux peuples les
vieilles haines, legs du premier empire. La presse an-

(1) *Moniteur* du 9 février.

glaise ne retentit que de la manifestation des colonels. Le *Punch* la ridiculisa constamment dans de petits croquis propres à flatter le chauvinisme anglais. Dans une de ces caricatures, on voit Napoléon tout petit montant la garde devant les Tuileries. En face de lui chante un coq géant, affublé d'épaulettes de colonel : « Diable ! dit Napoléon, le bruyant volatile va éveiller mes voisins ». Il les éveillait en effet au point qu'une étincelle suffisait pour allumer la poudre. La situation était d'autant plus délicate que le comte Walewski passait pour peu favorable à l'Angleterre. Quant à M. de Persigny, ce n'est pas le calomnier que de dire qu'il réalisait le type le plus opposé à celui du diplomate. Indiscret, emporté, — c'est ainsi que l'ont jugé les hommes d'État qui négociaient avec lui dans cette crise,— il manquait absolument des qualités propres à faire aboutir pacifiquement un différend ; et il allait se heurter à lord Palmerston, au ministre le plus chatouilleux sur la question de l'honneur anglais, toujours prêt jusque-là, comme il l'avait dit jadis lui-même, à entonner son *civis romanus sum* (1)! Des deux côtés, on aurait pu croire qu'il n'y avait plus qu'à entrer en campagne. Greville rapportant dans ses mémoires (2), à la date du 2 février 1858, une conversation qu'il vient d'avoir avec lord Clarendon, nous apprend que le Secrétaire du Foreign Office avait déjà l'esprit hanté par la crainte d'une descente des Français en Angleterre : « Clarendon s'imagine, dit-il, que si l'Empereur venait à être victime d'un accident, le gouvernement quelconque qui pourrait s'implanter nous déclarerait la guerre, pensant avoir trouvé le

---

(1) « Comme le Romain des anciens jours qui se sentait à l'abri de toute atteinte quand il pouvait dire *civis romanus sum*, ainsi le sujet anglais, en quelque lieu qu'il se trouve, se sentira convaincu que l'œil vigilant et le bras vigoureux de l'Angleterre le protègeront contre une injustice ou un mauvais traitement. » (Discours prononcé le 25 juin 1850 à la Chambre des Communes dans un débat sur la politique extérieure.)

(2) *Memoirs (Third part)*, 1887.

meilleur moyen de se rendre la nation favorable. Il dit que les Français peuvent en un cliń d'œil concentrer 50.000 hommes à Cherbourg où il y a abondance de vaisseaux de guerre qui sont tout prêts à les transporter à travers la Manche, tandis que nous, nous n'avons ni soldats, ni navires pour nous défendre contre un orage qui éclaterait ainsi brusquement. »

IV

Le Parlement, qui s'était ajourné en décembre, ne reprit ses séances que le 4 février, soit au plus fort de la crise. A la Chambre des lords, dès la première séance, lord Derby, le chef de l'Opposition conservatrice, entama la grande question du jour. Après avoir exprimé son horreur pour l'attentat, et aussi ses regrets pour les accusations injustes qui avaient, dans la circonstance, été dirigées contre l'Angleterre, il interpella le gouvernement sur le point de savoir si le législateur était suffisamment armé pour prévenir le retour de pareils complots ; et, dans le cas où la loi aurait été insuffisante, il demandait au ministère de la modifier. Mais il trouvait occasion de déclarer en même temps, — et c'est pour être entendu sur ce point du ministère et de la France qu'il paraissait avoir pris la parole, — que le pays ne souffrirait jamais qu'on portât atteinte au droit d'asile : « Ce droit sacré qui a imprimé son caractère à notre histoire, je ne consentirais pas, s'écriait-il, à y porter la plus légère atteinte, s'agirait-il vingt fois de la sécurité du souverain de la France, et de celle de tous les autres souverains d'Europe ». Lord Granville répondit à lord Derby qu'un projet de loi destiné à satisfaire ses préoccupations serait prochainement présenté à la Chambre des communes. C'est en effet dans l'autre enceinte que devaient se dérouler des débats dont cette séance n'avait été que la préface. Si lointains qu'ils soient déjà, le Français peut encore les parcourir aujourd'hui avec un intérêt véritable. Il y retrouvera un souffle puissant de cette liberté qui, ayant fui alors nos rivages, semblait avoir concentré sa force chez nos voisins. Il y relèvera en même temps sur l'Empereur et l'Empire des jugements assez piquants, puisque c'est l'étranger seul qui avait alors le privilège de pouvoir apprécier à sa guise le régime impérial.

Le 5 février, M. Roebuck, un membre appartenant au parti radical, et connu pour les hardiesses de son langage, demanda au Premier Ministre s'il était en communication avec la France au sujet d'une modification à apporter soit dans la législation régissant les étrangers, soit dans le code criminel ; et il saisit le prétexte pour dénoncer violemment l'attitude récente de l'Empereur : « Il se plaint que l'Angleterre est un repaire de conspirateurs. Et qui donc peut mieux que lui parler de la question en connaissance de cause ? N'a-t-il pas joui de la protection et de l'hospitalité de l'Angleterre ? Pendant ce temps n'a-t-il pas tenu le rôle d'un conspirateur ? N'a-t-il pas quitté ces bords, armé du grand nom de son prédécesseur, le grand Napoléon ? N'a-t-il pas, armé de ce nom, et avec un aigle apprivoisé, débarqué à Boulogne, et n'a-t-il pas attaqué le trône du roi Louis-Philippe ? N'a-t-il pas tué l'homme qui, dans l'accomplissement de son devoir, s'opposait à son débarquement ? Et c'est ce personnage qui fait publier dans le *Moniteur*, etc... » Il termina en disant : « Si nos ancêtres ont bravé les menaces de Napoléon le Grand, nous, leurs descendants, tremblerons-nous devant celles de Napoléon le Petit ? »

C'est trois jours après le dicours de M. Roebuck que lord Palmerston introduisait le bill précédemment annoncé par le gouvernement. Le premier ministre se trouvait dans une position difficile. Abdiquant le rôle altier qui lui était habituel dans ses rapports avec les puissances, et touché pour cette fois de l'esprit de conciliation, il aurait voulu donner satisfaction à la France. Mais comment y parvenir ? Au fond, la France n'avait que fairé de politesses diplomatiques et de regrets stériles ; elle ne pouvait trouver de satisfaction sérieuse que dans l'expulsion des réfugiés. C'était le seul avantage pratique qu'elle pût désirer, le seul qui pût prévenir le retour de nouveaux attentats, et c'était précisément le seul que le Cabinet ne pût penser à lui offrir. Le biographe de lord Palmerston (1) prétend cependant que ce dernier y songeait au début. En tous cas, s'il eut cette pensée, il se garda de la manifester par le moindre acte extérieur. Il se contenta d'esquisser une mesure qui pouvait tout au plus amuser la France, tromper provisoirement son ressentiment, mais qui n'était guère de nature à lui ménager la plus légère garantie. Cependant il semblait ainsi combler les prétentions modestes de Napoléon III qui avait écrit, vers la fin de janvier, à M. de Persigny : « Je ne me fais aucune illusion sur le peu d'efficacité des mesures qu'on pourrait prendre ; mais ce sera toujours un bon procédé qui calmera ici bien des irritations. Expliquez bien aux Ministres de la Reine notre position. Il ne s'agit pas aujourd'hui de sauver ma vie. Il s'agit de sauver l'alliance ». Donc lord Palmerston s'avisa de vouloir combler une lacune de la législation, lacune qui, soit qu'elle existât réellement, soit qu'elle fût, à la faveur de textes ambigus, arbitrairement supposée par les légistes de la Couronne, engendrait inégalité dans la répression des complots, suivant qu'ils étaient l'œuvre de nationaux ou d'étrangers. Quand le complot (*conspiracy*) ou l'entente entre plusieurs individus pour commettre un assassinat à l'étranger avait été suivi d'effet, les sujets anglais qui y avaient pris part étaient considérés comme complices d'assassinat, et, comme tels, condamnés à être pendus. Mais la loi, qui remontait

(1) Ashley. Life of Palmerston.

au règne de Georges IV, ne semblait pas, croyait-on, faire
la même situation aux membres du complot s'ils étaient
étrangers. Ceux-là ne pouvaient être poursuivis que pour
l'infraction spéciale de *conspiracy* constituant un simple
délit ; si bien que pour un même forfait, on aurait vu
l'Anglais expirer sur le gibet, quand le Français ou
l'Italien se seraient tirés d'affaires avec quelques
mois de prison. Lord Palmerston résolut de remédier
à ces anomalies. Toutefois le bill n'introduisait pas d'in-
novation pour le cas où le complot d'assassinat avait reçu
son exécution. Mais pour le cas où il n'aurait pas été suivi
d'effet, la peine trop légère était aggravée d'une façon
uniforme à l'égard du sujet anglais ou étranger : le complot
était considéré comme une *felony*, et frappé d'un châtiment
qui pouvait être élevé jusqu'à la servitude pénale à vie.

Cette mesure était bien anodine : d'une part lorsqu'il s'agit d'un assassinat devant être commis non sur
place, mais à l'étranger, il est bien difficile, tant que le
complot n'a pas reçu son exécution, de surprendre des
actes extérieurs, des faits matériels donnant un corps
à la prévention. Le plus souvent on se trouvera en
présence d'agissements trop équivoques ou trop vagues
pour qu'on puisse en faire le fondement d'un verdict de
culpabilité, et le législateur n'a que faire dès lors
d'aggraver une peine destinée à demeurer lettre morte.
D'autre part, les individus qui entrent dans un complot
ayant l'assassinat pour objet, se flattent toujours de
mener à fin leur forfait ; et dès que la crainte du châtiment réservé à l'assassinat ne les effraie pas, leur
pensée ne s'arrête pas même un instant sur le châtiment
nécessairement mitigé qui les atteindrait au cas où leur
entreprise avorterait. De ce chef encore une aggravation
dans la pénalité n'est donc guère qu'un vain épouvantail.

Néanmoins, si insignifiant que fût le projet Palmerston,
c'était assez qu'il fût présenté au moment du conflit avec

la France pour que la Chambre des communes y découvrît des vices rédhibitoires, l'accueillît comme un acte de condescendance servile vis-à-vis d'un gouvernement étranger, et jugeât la mesure grosse des conséquences les plus désastreuses pour la liberté (1). Elle ne fit, du reste, que s'inspirer à cet égard de l'opinion publique qui dénonçait déjà avec passion l'attitude de lord Palmerston. « Lui, s'écriait la *Saturday Review*, dont on disait avec orgueil qu'il n'était ni le ministre de la Russie, ni le ministre de le France, mais le ministre de l'Angleterre, s'est montré incapable de la fermeté d'Addington, et comme échantillon de la fierté anglaise, il est bien au-dessous de lord Liverpool ». Si le bill est adopté, disait encore Greville dans son Journal, « le lion britannique peut rentrer sa queue entre ses jambes, et il faut que le *civis romanus* renonce à ses fanfaronnades hautaines. Qu'aurait dit le Parlement si Aberdeen avait introduit une mesure de ce genre au temps de Louis-Philippe et du ministère Guizot, et n'y aurait-il pas eu alors dans le pays un cri d'indignation ? » Le *Punch* fit paraître un dessin figurant une scène de patineurs : l'un d'eux, sous les traits de Napoléon III, renverse en passant Palmerston, qui, sur la glace, les jambes encore en l'air, dit à l'auguste auteur de sa chute : « Pardon ! j'espère bien, n'est-ce pas, que je ne vous ai pas fait mal ! »

La partie se présentait difficile pour le premier ministre. Aussi fut-ce en vain qu'il prit les précautions les plus minutieuses pour ne pas froisser les susceptibilités du

______

(1) On trouve ces sentiments consignés dans une série de pétitions qui, pendant cette période, furent présentées contre le bill à la Chambre des communes. Dans une de ces pétitions émanant des habitants de Glascow, les signataires protestent en outre contre les poursuites dont serait menacé un sieur X..., de Londres, à raison de la publication d'un pamphlet intitulé : *Le Meurtre d'un Tyran peut-il être justifié ?* Ils observent « avec alarme » la conduite du gouvernement et l'estiment « dangereuse pour la liberté du citoyen, et contraire au véritable esprit de la Constitution britannique ».

Parlement; qu'il protesta n'avoir en vue que la bonne administration de la justice dans le royaume, l'ordre intérieur compromis par une loi défectueuse; en vain que pour accentuer la portée toute domestique de la mesure, et détruire le soupçon qu'elle aurait été dictée par les Tuileries, il y introduisait une disposition concernant l'Irlande, et donnait ainsi au projet une extension qui était et qu'on savait devoir être manifestement indifférente au gouvernement français, l'Irlande n'ayant jamais servi de refuge aux ennemis du régime impérial. Ce fut vainement enfin que forçant d'une façon un peu puérile son argumentation pour mettre en relief les vices de la législation existante, il déclara que, présentement, le complot d'assassinat n'était pas puni de peines plus sévères que le complot formé pour siffler un acteur. L'argument n'était pas de très bon aloi. Car le complot, tout en n'étant considéré que comme un délit (*misdemeanour*) était puni de la peine de la prison que le juge pouvait prononcer pour une durée arbitraire ; et il est peu vraisemblable que le tribunal n'aurait pas établi une distinction dans le châtiment entre le philistin qui aurait formé une cabale en vue de siffler même un Kean ou un Garrick, et le malfaiteur qui se serait associé à un complot pour égorger l'Empereur. Quoiqu'il en soit, lord Palmerston eut beau, pour conclure, recommander à la Chambre d'examiner le bill en lui-même, de le juger sur ses propres mérites, de ne pas intéresser l'amour-propre national au maintien d'une législation mauvaise; il n'en rencontra pas moins le plus défavorable accueil. Le débat dura deux nuits. Le parti radical et les libéraux avancés tels que lord John Russell combattirent le bill avec acharnement. A les entendre c'était une arme tendue au despotisme ; à un outrage que la nation tout entière venait de subir, on répondait par une capitulation. « Sont-ce là, s'écria un membre, les enseignements que nous avons reçus de nos pères. Rappelez vous les paroles d'Édouard III, à son Parlement : [J'ai reçu un soufflet sur la face. Toute l'Europe a les yeux sur moi pour voir comment je le supporterai] et ceci dit, il déclara la guerre à la France ». Malgré l'évocation de ce souvenir, ou plutôt, précisément en raison de son évocation, la majorité qui ne se souciait pas de déclarer la guerre à la France comprit que la prudence lui conseillait d'imposer, provisoirement au moins, silence à ses répugnances. Refuser les honneurs d'une première lecture à un bill qui, bon ou mauvais, ne contenait en somme aucun principe attentatoire à la constitution, c'était se montrer plus sévère qu'on ne l'est jamais pour les bills même les plus mal conçus, et auxquels on laisse toujours franchir la première étape ; c'était donc refuser implicitement d'entrer en pourparlers avec la France ; c'était diriger contre elle une manifestation périlleuse pour le maintien de la paix. M. Disraeli crut devoir signaler le danger, et engager la Chambre à voter la première lecture. Son discours très remarquable trancha d'une façon singulière dans la discussion. Car tout en déclarant que le bill était mal conçu, et en réservant sa liberté d'action ultérieure, il ne vint pas, comme les autres orateurs, déclarer que la législation existante suffisait, aviver le souvenir de l'injure faite à l'Angleterre, et dénoncer l'Empereur et l'Empire. Au contraire, il proclama qu'une situation exceptionnelle commandait une législation exceptionnelle, et il vint se faire le champion de Napoléon III. Il trouvait d'ailleurs dans son plaidoyer matière à un argument de parti contre les libéraux, leur rappelant qu'à une époque récente, en 1853, ils avaient insulté la France et son souverain, et les invitant à imiter la patience dont le gouvernement français sut alors faire preuve : « Nous avions en ce temps-là (en 1853), dit-il, des hommes d'État occupant le premier rang dans le pays, qui dénonçaient l'Empereur des Français comme un tyran, un usurpateur et un parjure. Nous avions un ministre qui, en sortant du conseil du Cabinet, se rendait dans les réunions électorales et amusait ses électeurs en leur dépeignant le danger qu'ils avaient à redouter d'une invasion des pirates français. Nous avions un ministre demandant au peuple Anglais quelle protection leurs femmes et leurs enfants pourraient avoir contre des voisins tels que les Français et contre un souverain tel que l'Empereur actuel (1). J'ai signalé à l'époque tous ces faits (2) à la Chambre, et nous avons eu alors le spectacle édifiant d'homme d'État après homme d'État, de ministre après ministre, venant s'excuser des expressions blessantes qu'ils avaient employées contre l'Empereur. Cette attitude a servi au maintien de la paix de l'Europe, mais seulement parce que l'Empereur a fait preuve de longanimité ». La Chambre cédant à de sages conseils n'osa pas rejeter le bill, et la première lecture fut votée à la majorité importante de 200 voix. Cependant la situation diplomatique se détendait un peu. Le 6 février, M. Walewski avait adressé à M. de Persigny une note officielle pour désavouer la responsabilité des manifestations anglophobes : « S'il a pu s'introduire dans le *Journal officiel*, au milieu des manifestations enthousiastes

(1) M. Disraeli fait allusion à des discours prononcés par sir James Graham, premier lord de l'Amirauté, et par sir Charles Wood, président du *Board of Control*, tous deux, à l'époque, membres du Cabinet Aberdeen. Le premier, dans une réunion électorale à Carlisle, avait dit que l'Empereur « était un despote qui avait piétiné sur les droits et les libertés de 40 millions d'hommes. » Le second, dans une allocution à Halifax, s'était écrié que l'Empereur « bâillonnait la presse de France et celle de Bruxelles, et que s'il détestait la presse anglaise, c'est parce qu'elle disait la vérité, et qu'il ne pouvait pas la bâillonner. »

(2) Pour apprécier quels étaient, avant la guerre de Crimée, les sentiments des Anglais à l'égard de l'Empereur, il convient de noter ici que quand M. Disraeli lut, en 1853, à la Chambre, le passage du discours de sir J. Graham, reproduit dans la note précédente, la Chambre, loin de se récrier, manifesta son approbation pour le ton injurieux du passage, et que le *Hansard* (recueil des débats parlementaires) du 18 février enregistre, après la citation susdite, les mots : *Vifs applaudissements.*

du dévouement de l'armée, des paroles qui ont paru en Angleterre empreintes d'un sentiment différent, elles sont trop contraires au langage que le gouvernement de l'Empereur n'a cessé de tenir à celui de S. M. Britannique pour qu'on puisse les attribuer à autre chose qu'à une inadvertance causée par l'affluence de ces adresses. L'Empereur vous charge de dire à lord Clarendon combien il le regrette ». Cette dépêche divulguée au moment où le bill était en discussion, n'avait pas été sans influence sur le vote.

V

Le projet de loi revint pour la deuxième lecture à l'ordre du jour de la séance du 10 février. Les conservateurs ne demandaient qu'un biais pour le rejeter, un biais qui leur permît de satisfaire leur animosité contre le ministère, sans raviver les susceptibilités de la France. Il leur fallait un terrain stratégique sur lequel ils pussent unir leurs votes à ceux des radicaux plus ardents que jamais à combattre le bill. Ce terrain leur fut heureusement ménagé par un libéral avancé, M. Milner Gibson qui élabora un amendement des plus habiles. Depuis que la discussion sur le projet ministériel avait été engagé, un des thèmes constants de la discussion avait été la fameuse dépêche de M. Walewski, du 20 janvier, celle dans laquelle il déplorait une hospitalité exploitée par des assassins. Lord Palmerston avait sursis à faire une réponse écrite à cette dépêche ; il s'était contenté de fournir à M. de Persigny des explications verbales, et s'était efforcé de convaincre la Chambre que ce mode avait été pour l'heure le plus sage et le plus opportun. Mais la Chambre n'avait pas paru goûter la défense du chef du Cabinet, et plusieurs membres avaient relevé le silence officiel de lord Palmerston comme un acquiescement humiliant aux imputations blessantes du gouvernement français. C'est ce grief auquel l'amendement Milner Gibson vint adroitement donner un corps : « La Chambre est vivement touchée d'entendre dire que le récent attentat... avait été préparé en Angleterre, et elle exprime son horreur pour des entreprises si coupables ; elle est prête en tous temps à porter remède à tous les vices qui, après dû examen, apparaîtraient dans la loi criminelle. Toutefois, elle ne peut que regretter que le gouvernement de Sa Majesté, avant d'inviter la Chambre à modifier la loi sur les complots par le bill qui lui est déféré en deuxième lecture, n'ait pas senti qu'il était de son devoir de faire une réplique à l'importante dépêche du gouvernement français du 20 janvier 1858, qui a été communiquée au Parlement. » Cette ingénieuse motion devait, par les termes de sympathie qu'elle renfermait pour la France, rallier les conservateurs et tous les membres qui voulaient régler avec prudence la question extérieure. En même temps, au fond, elle aboutissait à l'ajournement du bill ; et cela suffisait pour que les radicaux dussent y souscrire des deux mains. Conséquence plaisante de l'esprit de parti ! L'aventureux Palmerston était accusé de faiblesse ; et quel était son belliqueux accusateur ? C'était un des membres du groupe qui constituait l'École de Manchester, cette école apôtre de la paix à tout prix. Chacun des deux adversaires était étonné de voir l'autre dans son nouveau rôle, et ce fut entre eux un assaut à qui trouverait la formule la plus blessante pour signifier à l'autre sa surprise. M. Milner Gibson avait gratifié lord Palmerston d'un passage du *Times* où le premier ministre n'était pas ménagé : « Il n'y a pas d'autorité constituée en Europe avec laquelle lord Palmerston n'ait entamé une querelle. Il n'y a pas d'insurrection qu'il n'ait trahie... D'autre part, quand il s'est résolu à courtiser la faveur d'un pouvoir étranger, il n'y a pas de sacrifice de principe ou d'intérêt qui lui coûte. » C'était vouloir s'attirer une verte riposte. Lord Palmerston ne se fit pas faute de la lui assaisonner : « Quand l'honorable membre se dresse comme le champion de l'honneur anglais contre les nations étrangères, je dois dire que c'est la première fois que je le vois dans ce rôle. Jusque-là, en toute occasion, il avait été l'avocat de la nation étrangère contre la nôtre,... la cheville ouvrière de ce petit groupe qui, dans une publication, prêchait la soumission du pays à une tentative de conquête alors imminente, et qui disait : Qu'importe à ce pays d'être conquis par une force étrangère? On nous laissera toujours bien tourner nos moulins. » Tout le discours du premier ministre fut d'ailleurs débité sur ce ton véhément, et lord Malmesbury prétend dans ses Mémoires que l'orateur « alla jusqu'à montrer le poing à la clique de Manchester. »

Le débat ne se traîna pas cependant dans des personnalités, et M. Gladstone prononça en faveur de l'amendement une harangue dans laquelle il s'éleva à de nobles considérations. Il dénonça le bill comme pouvant fournir prétexte contre les réfugiés inoffensifs à un espionnage qui répugne aux institutions anglaises, et il conclut en disant : « Ces temps sont graves pour la liberté. Nous vivons au XIXe siècle. Nous parlons de progrès. Nous croyons que nous sommes en train d'avancer. Mais quel homme ayant suivi les événements des dernières années en Europe peut ne pas avoir remarqué que, s'il y a mouvement, c'est un mouvement de recul, et de haut en bas? Il y a peu d'endroits où existent et fleurissent encore des institutions qui aient droit à notre sympathie... En ces temps plus que jamais, la responsabilité se concentre sur les institutions d'Angleterre, et si elle se concentre sur l'Angleterre, sur ses principes, sur ses lois, sur ceux qui la gouvernent, alors je dis qu'une mesure

passée par cette assemblée l'unique espoir des amis de
la liberté, une mesure qui tenterait d'établir une complicité morale entre nous et ceux qui cherchent le salut
dans des mesures répressives, serait un coup, un découragement infligé à cette cause sacrée de la liberté dans
tous les pays du monde. » Un grand nombre de ceux qui
avaient voté la première lecture votèrent pour l'amendement, et parmi eux était M. Disraeli qui chercha dans un
grand discours à justifier sa palinodie.

L'amendement fut adopté à une majorité de 19 voix.
C'était la chute du ministère de lord Palmerston. Comme
le disait un journal étranger, Phaéton était mort de prudence. Cette prudence ne doit cependant pas servir matière à raillerie. Elle avait assuré la paix sans entamer
l'honneur : *Peace with honour*. Lord Palmerston pouvait
tout aussi justement revendiquer cette devise que la revendiqua ensuite l'homme qui venait de se montrer un
des plus acharnés contre lui, et qui allait attendre dans le
cabinet nouveau l'heure de diriger à son tour, dix ans
plus tard, les destinées de la politique anglaise. Peut-être,
au point de vue de la rigueur des formes diplomatiques, le
Premier ministre avait-il eu tort de ne pas répondre à la
dépêche Walewski. Mais qu'importait, s'il avait atteint
son but par des explications verbales, si ce mode officieux auquel s'était associé l'ambassadeur d'Angleterre
à Paris, lord Cowley, avait, comme ce dernier l'écrivait
lui-même à son chef hiérarchique lord Clarendon, permis
de présenter au gouvernement français un exposé « sous
un aspect plus satisfaisant qu'il ne se fût dessiné sous
la parure officielle. » Le fond vaut bien qu'on lui sacrifie
la forme quand il s'agit de prévenir la guerre entre deux
grandes nations. Nonobstant ce raisonnement qui aurait
certainement touché des hommes de sang-froid, lord
Palmerston, du jour au lendemain, se vit en butte à une
impopularité égalée seulement par sa popularité de la

veille. Il était renié par ceux qui hier encore étaient ses plus fermes partisans :

> Nunquam, si quid mihi credis, amavi
> Hunc hominem.

« C'est une comédie d'entendre ses anciens adorateurs parler de lui, écrit le 21 février le prince Albert au baron Stockmar. Ils voulaient à peine lui laisser ouvrir la bouche, mais le huaient régulièrement. » Il aurait eu tort d'ailleurs de céder au découragement ; car une vicissitude nouvelle devait lui apprendre que le Capitole est près de la roche Tarpéienne : un an plus tard, il allait être rappelé au pouvoir, l'exercer encore pendant huit années, et ne le quitter cette fois qu'avec la vie.

VI

Ce fut un cabinet conservateur qui succéda à l'ancien cabinet. Il avait à sa tête lord Derby, et comprenait M. Disraeli à l'intérieur, et lord Malmesbury au Foreign Office. Ceux des ministres qui étaient membres de la Chambre des communes durent se faire renouveler leur mandat par leurs électeurs ; et ce fut une occasion pour M. Disraeli de prôner l'alliance française qu'il appela la pierre angulaire de la civilisation moderne. Les paroles conciliantes qui retentirent alors à l'égard de la France n'étaient pas une politesse superflue ; car la situation demeurait toujours extrêmement tendue : *ignes suppositos cineri;* et ceux qui, en votant l'amendement Milner Gibson, s'étaient flattés qu'ils réglaient là une question domestique, qu'ils vidaient simplement une querelle avec le ministère, mais que la question extérieure n'était plus en jeu, ceux-là n'avaient pas laissé que de se méprendre étrangement. D'une part, en Angleterre, l'irritation subsistait contre la France, et des représailles pouvaient s'ensuivre à Paris. Dans sa lettre au baron Stockmar, citée plus haut, le prince Albert annonçant la chute de Palmerston ajoute : « Nous pouvons remercier de ce résultat l'étourderie de Louis Napoléon qui aurait dû être mieux inspiré que de laisser insulter l'Angleterre par ses lieutenants. La surexcitation du pays est effrayante. Vingt mille personnes se sont réunies hier dans Hyde Park en criant : A bas les Français ! » D'autre part, bien que les rapports officiels fussent améliorés grâce à l'heureuse influence de lord Cowley, il fallait compter, à Londres, avec les incartades de M. de Persigny qui faisait naître ou grossissait les incidents. Nous pouvons suivre, heure par heure, toute cette période de crise dans les mémoires de lord Malmesbury, auteur et acteur, qui écrivait le soir l'histoire qu'il avait faite dans le jour.

La grande préoccupation de M. de Persigny, c'était le sort réservé au fameux bill dont la Chambre, malgré les événements, demeurait toujours saisie. Il avait été ajourné mais non écarté, et le gouvernement français devait penser que le ministère, aussitôt après avoir adressé à la dépêche Walewski la réponse retardée par lord Palmerston, ferait mettre la deuxième lecture à l'ordre du jour. Mais le ministère s'était suffisamment rendu compte que le bill était impopulaire, et ne se souciait pas de compromettre à la défense d'une cause douteuse son pouvoir naissant (1). Dès le 2 mars, lord Malmesbury s'expliquait sur ce sujet avec lord Cowley : « Il

(1) Le bill, qui a été ainsi enterré à l'époque, a été ressuscité trois années plus tard, alors qu'aucune considération politique n'était plus en jeu, et que la mesure n'avait plus vraiment alors qu'un caractère domestique. Une loi a été votée le 6 août 1861, punissant de la servitude pénale de trois à dix ans, ou de l'emprisonnement jusqu'à deux années, avec travail obligé, quiconque tremperait dans un complot d'assassinat, que le coupable fût ou non un sujet de Sa Majesté, et que la victime fût ou non sujette de Sa Majesté et habitât ou non le territoire.

nous est absolument impossible de représenter le bill
Palmerston. Lord John Russell s'est jeté dans les bras
des radicaux qui l'ont accueilli avec joie ; et lui et Gladstone se sont engagés, avec 140 membres, à entraver
toute espèce de bill, de toute façon et à toute époque. »
Le ministère avait d'ailleurs encore une raison pour ne
pas se hâter. On venait d'arrêter à Londres comme complice de l'attentat, un Français, Simon Bernard, qui avait
expédié les bombes à Orsini, et il était déféré à la justice anglaise (1). Sa culpabilité paraissait évidente, et le
ministère comptait absolument sur un verdict affirmatif
du jury. En ce cas, ou la Cour entérinant la décision du
jury condamnait Bernard, et alors le gouvernement français n'avait plus à solliciter une législation nouvelle ;
on lui mettait en main la démonstration que la législation existante suffisait à avoir raison des malfaiteurs
étrangers qui, sur le sol anglais se feraient les complices
d'assassinats commis en d'autres pays. Le cabinet avait
en même temps la satisfaction de remporter après coup
un triomphe sur le dernier ministère qui était ainsi
atteint et convaincu d'avoir présenté un projet de loi
inutile. Ou, au contraire, la Cour déclarait que le crime
ayant été commis à l'étranger, le complice étranger
n'était pas punissable en droit ; et, pour cette fois
alors, fort d'une décision judiciaire, le cabinet pouvait
se présenter hardiment devant les Chambres afin de demander une modification à une loi scandaleusement défec-

(1) Le gouvernement français avait demandé son extradition. Mais le gouvernement anglais n'avait pu l'accorder dans les termes du traité d'extradition de
1843, existant entre les deux pays : « Les Hautes parties contractantes, sur les
réquisitions faites en leur nom par l'intermédiaire de leurs agents diplomatiques..... seront tenues de livrer en justice les individus qui, accusés de crime
de meurtre..... ou de tentative de meurtre, *commis dans la juridiction de la
partie requérante*, chercheront un asile, etc..... ». Or, Bernard n'était pas
venu en France lors des préliminaires de l'attentat, et ce n'était par conséquent
pas dans le ressort de la *juridiction de la partie requérante* que s'était produite sa complicité.

tueuse. Mais M. de Persigny n'entendait pas se prêter à ces
combinaisons d'atermoiement, ni entrer dans les calculs
du cabinet; il demeurait cantonné dans son idée fixe, à
savoir que l'ajournement du bill avait été un vote dirigé
contre la France, et que la nouvelle administration, en
ne faisant pas rapporter ce vote, affichait une politique
antifrançaise. Il faisait courir le bruit qu'il allait être
rappelé à Paris; et la menace paraissait assez alar-
mante pour que lord Palmerston, quoique rendu à la
vie privée, intervînt patriotiquement, et, par l'intermédiaire de lord Clarendon, fît prier lord Cowley d'éclai-
rer l'Empereur, de lui représenter « combien cette ré-
solution serait funeste à son intérêt personnel et à
celui des deux nations ». Lord Malmesbury nous dépeint
l'ambassadeur de France en proie à une fureur conti-
nuelle, se jetant, comme un cheval emporté, au travers
de toutes les négociations pour en rompre le fil, toujours
prêt à sonner la charge, quoique au fond il n'eût pas envie
de livrer bataille, implacable contre les nouveaux ministres auxquels il ne pardonnait pas leur avènement,
affectant de se croire toujours accrédité auprès de lord
Palmerston auquel il continuait à livrer le secret des communications officielles, poussé enfin à tout brouiller pour
déranger les plans de son ennemi mortel M. Walewski.
Singulier négociateur, en vérité, pour rapprocher deux
peuples encore tout enflammés de leurs ressentiments!
« La première fois que j'ai rencontré M. de Persigny au
Foreign Office, écrit dans son journal lord Malmesbury, il
écumait littéralement, mettait la main sur la garde de
son épée (il était en costume de cour), et criait : c'est la
guerre, c'est la guerre! Pendant ce temps, je suis de-
meuré parfaitement silencieux et immobile jusqu'à ce
qu'il eût évaporé sa bile; ce qui est la meilleure façon
d'affronter ces explosions venant des étrangers ». Dans
une lettre du 2 mars à lord Cowley où il lui trace la

ligne de conduite qu'il doit suivre à Paris, il ajoute :
« Avec les meilleures dispositions, Persigny est si emporté que nous ne pouvons pas raisonner avec lui. Sa violence et son irritabilité rendent les entrevues avec lui rien moins qu'agréables. Je désire particulièrement éviter qu'une plainte quelconque à cet égard soit adressée sur son compte à son ennemi Walewski ou même à l'Empereur. Mais il faut que vous insistiez auprès de l'Empereur, et que lui-même insiste auprès de Persigny sur ce point, à savoir que c'est une chose absolument fatale à l'issue heureuse des délicates opérations en cours, ou même à la routine des affaires, s'il répète ou rapporte à l'Opposition tout ce qui se passe entre lui et les ministres de Sa Majesté. Après ma première conversation du 20 février, dans le cours de laquelle il m'a proposé un plan semblable à celui actuellement suivi, il est allé tout raconter à lord Palmerston, et, pour que vous n'en doutiez pas, c'est lui-même qui me l'a dit, en me rapportant les observations de lord Palmerston... Je vous en prie, faites-le avertir par son maître, mais non par son camarade (*fellow servant*) qu'il hait avec toute l'amertume imaginable ». Il écrit le 6 mars : « M. de Persigny est furieux que notre parti arrive au pouvoir, attendu qu'il est dévoué à lord Palmerston ; et, au lieu de m'aider à rétablir les sentiments affectueux qui existaient entre l'Angleterre et la France, il a fait tout ce qu'il a pu pour m'empêcher d'atteindre ce but, non seulement en relatant à lord Palmerston tout ce qui se passe entre nous, mais en écrivant des lettres à l'Empereur pour augmenter l'irritation ». Citons encore ce dernier passage d'une lettre qu'il adresse à lord Cowley : « Quant à Persigny, nous sommes de vieux amis, et je me félicitais de le trouver ambassadeur dans la circonstance. Mais il s'est comporté d'une façon si extraordinaire, non seulement en répétant à Palmerston les conversations confidentielles que

lord Derby et moi avions avec lui, mais en s'en allant dans les salons injurier les successeurs du dernier ministère, tout cela avec le langage et les manières d'un agent électoral, et, en somme, avec un tel manque absolu de dignité et de discrétion la plus vulgaire, que tout le corps diplomatique en a été stupéfait... Il est absolument indispensable, pour le maintient des communications amicales entre lui et moi, qu'il joue son rôle dans les notes calmes, à savoir qu'il tienne ses oreilles et ses yeux ouverts, mais sa bouche close, et, par-dessus tout, qu'il ne prenne pas parti dans notre politique intérieure. Si jamais on venait à savoir dans le public qu'un étranger a fait cela, la presse et ses lecteurs deviendraient intraitables sur la matière. »

C'est au travers de tous ces obstacles que semblait semer comme à plaisir l'intempérance brouillonne de notre agent, que lord Malmesbury poursuivait avec le gouvernement français par l'intermédiaire de lord Cowley la négociation devant mettre fin à la querelle. Il s'agissait de faire réponse à la dépêche Walewski, de tomber d'accord sur une rédaction suffisamment ferme pour être ratifiée par la Chambre des communes, suffisamment conciliante pour permettre au gouvernement français, comme l'écrivait lord Malmesbury « de trouver un échappatoire honorable à l'effet de sortir de la position actuelle si pénible pour toutes les parties ». Lord Malmesbury avait soumis à M. de Persigny, en présence de lord Derby, un projet de rédaction : « Persigny, écrit-il à lord Cowley le 2 mars, ne formule pas d'objection contre le ton général de la réponse, mais il insiste ardemment pour que nous n'entrions dans aucun argument à l'effet de défendre notre loi. Il demande que nous nous bornions à défendre l'honneur et le caractère du peuple anglais ». Le 4 mars, il envoie à lord Cowley la réponse (1) à

____

(1) Elle est publiée dans le *Moniteur* du 16 mars.

« la malencontreuse production de Walewski ». Elle ne contient pas l'annonce d'un changement dans la législation existante. Mais, pense lord Malmesbury, l'Empereur comprendra que, sur ce point, le ministère a les mains absolument liées par le Parlement ; et « s'il a conservé quelque chose de son ancienne sagacité, il n'insistera pas sur cette question brûlante ». Napoléon III adressera, lord Malmesbury l'espère, en réplique à la note du Cabinet anglais, une réponse conçue dans les termes suivants qu'essaie de lui souffler le Secrétaire du Foreign Office : « On s'est absolument mépris sur le sens de mes paroles. Je n'entends rien demander ; mais après avoir montré à l'Angleterre, que je crois une amie et une alliée, le danger que j'ai couru, et lui avoir insinué les moyens par lesquels elle peut empêcher le renouvellement d'une pareille tragédie, j'ai été accueilli par un langage hostile. Dès lors, confiant en Dieu et en la France, etc., je ne dirai plus rien à cet égard ». Lord Malmesbury termine en disant à lord Cowley : « Si la note est rédigée sur un ton digne, elle produira bon effet sur tous ici, excepté sur ceux qui rêvent une querelle ; et l'Empereur peut rédiger sa réponse dans un langage qui, tout en indisposant son peuple contre nous, fera descendre la querelle dans la tombe de Pritchard ».

C'est huit jours seulement après cette lettre, le 12 mars (1), qu'arriva la réplique de M. Walewski (2) à la dépêche du gouvernement anglais qui était elle-même

(1) La veille même avait paru à Paris une brochure anonyme intitulée : *L'Empereur Napoléon III et l'Angleterre*. Elle était l'œuvre de M. Arthur de la Guéronnière, qui avait puisé ses inspirations en haut lieu. L'auteur, tout en s'efforçant de garder la note conciliante dans l'historique de l'incident désormais clos, dénonçait la conduite de l'Angleterre, et faisait l'apologie du gouvernement français. Cette brochure, que les journaux officieux reproduisirent, que le *Moniteur* mentionna, eut toute la valeur d'un document diplomatique, et fut considérée comme tel en Angleterre, où elle fit sensation. Le *Times* et la presse anglaise consacrèrent de longs articles à la réfuter.

(2) *Moniteur* du 16 mars.

une réponse. Elle était attendue par le gouvernement avec une anxiété facile à concevoir : « La réponse de Walewski à ma dépêche est arrivée cette après-midi, écrit lord Malmesbury. Persigny qui est très souffrant est sorti de son lit pour me l'apporter... Le ton de la dépêche est très amical et doit être considéré comme donnant pleine satisfaction à l'Angleterre. Il est même plus satisfaisant que je ne l'espérais d'après la lettre de Cowley... Je suis allé porter la dépêche à lord Derby à la Trésorerie, et il a été très content, d'autant qu'il craignait qu'elle n'arrivât pas à temps pour permettre à Disraeli d'annoncer la nouvelle aux Communes qui se réunissent pour la première fois depuis leur ajournement. Celui-ci était resté avec lord Derby quelque temps déjà avant mon arrivée, et il avait été très contrarié du retard de la dépêche ; si bien que quand lord Derby lui a envoyé un message pour le mander, il s'est précipité avec un élan si désespéré, qu'il s'est presque heurté contre le messager, et est entré dans la pièce en grand état d'effervescence. Quand la dépêche lui fut produite, son enchantement était indescriptible, et ses démonstrations surprenantes pour qui sait avec quelle manière flegmatique il accueille toute espèce de nouvelles ».

VII

Le différend était ainsi clos par la voie diplomatique. L'incident était réglé, à strictement parler, c'est-à-dire qu'il ne pouvait plus être une cause directe de guerre entre les deux peuples. Mais il s'en fallait de beaucoup que tout levain d'amertume eût disparu. La nouvelle de la réconciliation officielle fut accueillie aux Communes d'une

façon glaciale par l'Opposition. Le Secrétaire du Foreign
Office qui, dans un premier moment de satisfaction, avait
trouvé si amicale la réponse de M. Walewski, ne tarde
pas à revenir sur son sentiment de la veille, et écrit le
lendemain que la dépêche lui paraît « loin d'être cordiale ».
Il ajoute que si un nouvel attentat était commis sur la vie
de l'Empereur par des réfugiés venant d'Angleterre, la
guerre éclaterait inévitablement. Il exprime ses craintes
à lord Cowley : « Votre lettre du 13 mars doit donner
naissance aux plus sérieuses appréhensions ; car elle
prévoit la possibilité, la probabilité même que par un
simple changement de ministère ici, nous devenions les
victimes d'un seul homme, et d'un homme qui ne serait
pas l'Empereur. Donnez-moi votre opinion sur les vues
politiques de Walewski, et pourquoi il veut se quereller
avec un pays dont l'hostilité a été la cause de la chute du
Premier Empire. Il n'a cependant pas l'âme assez haute
pour songer à une revanche. » La presse des deux pays
continuait une politique qui entretenait l'irritation réciproque. Greville raconte que, le 20 mars, lord Derby lui
fit passer, à l'issue du Conseil, une note le priant d'user
de son influence auprès du *Times* pour obtenir que le
journal de la Cité mît une sourdine à ses articles qui
« provoquent la France *jusqu'à la folie* » (1). Il fallait,
pour balayer les griefs demeurés latents, une manifestation sympathique que l'un des deux peuples aurait
l'art ou l'humeur de ménager à l'autre. L'Empereur sut
en prendre l'initiative, n'ayant d'ailleurs à cet égard
qu'à suivre son penchant qui l'attirait toujours vers
cette alliance anglaise à laquelle il tient, disait M. de la
Guéronnière, comme à une affection particulière (2).

(1) Dans un article du 15 mars, le *Times* avait dit : « L'Empire, c'est l'espionnage. Son incarnation est un mouchard. » La phrase avait exaspéré le
Constitutionnel et les autres journaux officieux.

(2) Le mot est rapporté dans les mémoires de Viel Castel. M. de la Guéron-

M. de Persigny, après l'attitude qu'il avait eue pendant les événements, ne pouvait représenter plus longtemps la France. Son rappel devenait nécessaire. D'ailleurs, les négociations s'étaient engagées par-dessus sa tête, et conclues contre ses conseils ; il se croyait donc par dignité obligé d'adresser une démission qui fut acceptée (1). L'Empereur eut l'heureuse inspiration de le remplacer par le maréchal Pellissier. Ce choix avait une signification sur laquelle on ne pouvait se méprendre. Le maréchal ne passait pas pour un diplomate, et si le gouvernement le désignait, c'était pour réveiller dans le cœur d'une nation oublieuse et aigrie les souvenirs de la fraternité cimentée dans la guerre d'Orient : le maréchal arrivait avec la branche d'olivier. Les Anglais ne s'y trompèrent point. La reine et les ministres se montrèrent ravis. « Je n'ai jamais vu, écrit lord Malmesbury à lord Cowley, la reine plus enchantée non seulement du choix d'un personnage aussi distingué que le duc de Malakoff, mais aussi de la délicatesse remarquable qui a déterminé Sa Majesté Impériale à choisir un homme dont le nom est si familier et si populaire dans ce pays. » Le maréchal fut accueilli avec enthousiasme par la foule qui lui fit cortège depuis l'hôtel de l'ambassade jusqu'à Hyde Park. Ses instructions lui prescrivaient de se tenir au début dans une certaine réserve avec les membres du cabinet. Mais « en présence de pareilles démonstrations, je me vois, disait-il à lord

nière disait à ce dernier qu'il était dans le cabinet de l'Empereur quand le souverain reçut la dépêche annonçant la chute de Palmerston. Napoléon III parut visiblement contrarié. Mais M. de la Guéronnière ajoutait : « Il faudrait de graves offenses pour altérer l'alliance ». De son côté, le 27 février, en pleine crise, lord Malmesbury écrivait à lord Cowley : « Persigny déclare *sur la tête de ses enfants* que les dispositions sont bonnes aux Tuileries. »

(1) « M. de Jaucourt, attaché à l'ambassade de France, m'a dit que Persigny s'était retiré par rage de voir Walewski régler en dehors de lui la querelle entre les deux gouvernements, et qu'il avait espéré que l'Empereur n'aurait pas accepté sa démission. » (Note du 22 avril dans le journal de lord Malmesbury.)

Malmesbury, obligé de désobéir sur ce point à mes instructions ».

Il ne fallait rien moins que cette ovation faite à un des héros de Crimée pour contre-balancer l'effet fâcheux d'un nouvel incident qui venait de surgir, d'un incident suite et conséquence de l'ancien. On aurait dit que la Providence s'acharnait à entraver la réconciliation des deux peuples. La veille de l'arrivée du maréchal, Simon Bernard, dont le gouvernement anglais avait si témérairement escompté la condamnation, était acquitté par le jury au milieu d'acclamations comme jamais une enceinte judiciaire n'en avait ouï de semblables, et dans des conditions particulièrement injurieuses tant pour l'Empereur que pour la France ; car le défenseur s'était livré dans sa plaidoirie à des attaques violentes contre le « despote étranger », et avait aussi employé vis-à-vis de l'armée française un langage provocant (1). Le jury avait goûté des arguments qui faisaient vibrer sa fibre patriotique, et avait voulu, en sacrifiant la justice à sa passion, prendre à sa manière la revanche de l'Angleterre contre la manifestation des colonels. Telle fut du moins l'opinion générale. Le cabinet se montra consterné de cet acquittement « qui est une honte pour le pays », nous dit lord Malmesbury, et qui semblait devoir remettre en question un accord péniblement rétabli ; d'autant que les officieux ne manquèrent pas de venir à la rescousse, et de grossir la portée du verdict. C'est ce qu'indique une

(1) Dans sa péroraison aux jurés, il leur disait : « Vous ferez votre devoir, sans vous laisser intimider par l'armée française et les menaces d'une invasion française. Dites à l'Empereur des Français qu'il ne peut intimider un jury anglais. Dites-lui que quand 600.000 baïonnettes françaises étincelleraient devant vos yeux, quand le grondement du canon français tonnerait à vos oreilles, vous n'en rendriez pas moins un verdict que votre conscience ratifierait, sans vous soucier si ce verdict plaît ou non à un despote étranger, et assure ou ébranle et détruit à jamais le trône qu'un tyran a élevé sur les ruines de la liberté d'un peuple jadis libre et puissant. »

lettre du ministre susnommé, obligé de revenir sur cette
fâcheuse affaire, six mois plus tard, sans doute à raison de quelque nouvel exploit de Bernard. Il écrivait à
lord Cowley le 26 octobre : « Je vous envoie le rapport
de Saunders pour montrer quel *canard* (1) Walewski et
l'Empereur ont avalé en croyant que Bernard a ouvertement prêché le meurtre de l'Impératrice et de son fils.
C'est déjà assez mauvais sans cela ; mais je vois qu'il y a
un parti, et son nom est légion (car il est composé de
chaque parti et de quelques gouvernements), qui s'efforce
d'entraîner l'Angleterre et la France dans une guerre ».
Par bonheur le gouvernement impérial conserva son
sang-froid et ne réveilla plus le différend. Au mois d'août
de cette même année, la reine et le prince consort faisaient un voyage à Cherbourg, revenaient enchantés de
l'hospitalité qu'ils avaient reçue, et pour le coup cette
fois, la querelle issue de l'attentat du 14 janvier était, à
parler comme lord Malmesbury, bien et dûment ensevelie
dans la tombe de Pritchard.

Cette conclusion pacifique, préparée par lord Palmerston, avait été assurée par le cabinet de lord Derby, qui
s'était montré égal mais non supérieur à son prédécesseur :

> Et vitulâ tu dignus, et hic.

Cependant, M. Disraeli, emporté par l'enivrement de
son triomphe, voulut, avec l'injustice des hommes de
parti, oublier l'ouvrier de la première heure, et faire
accroire que le cabinet ancien avait tout compromis
tandis que le nouveau avait tout sauvé. A l'entendre,
avec l'ancien ministère, c'eût été la guerre immédiate.
« Nous pouvons, vint-il dire, le 26 mai, dans une réunion d'électeurs tenue à Slough, traiter légèrement au-

----

(1) Le mot est en français dans l'original.

jourd'hui les périls par lesquels nous avons passé, et même les oublier. Mais quand je vous dis, et que je vous dis sérieusement, que la question de paix ou de guerre au moment de notre avènement n'était pas une question de jours, mais d'heures, je suis sûr que vous vous souviendrez que la paix a été maintenue, tandis que l'honneur du pays était préservé. » Lord Palmerston releva vertement, à la Chambre des Communes, cette injuste exagération, et revendiqua avec une vivacité légitime sa part d'honneur dans le succès. Il aurait pu appeler en témoignage le chef du cabinet lui-même, lord Derby, qui, en secret, il est vrai, s'était montré plus juste pour un adversaire. Le 1er mars 1858, soit quinze jours après le changement de gouvernement, un des membres les plus éminents de la défunte administration, l'ex-secrétaire du Foreign Office, lord Clarendon, ayant cru devoir faire, aux applaudissements de la Chambre des lords, le récit détaillé des négociations qui avaient pris place pendant son exercice, lord Derby dépêchait le soir même à la reine un compte rendu de la séance, et terminait ainsi son rapport : « ... Si le discours de lord Clarendon avait été prononcé aux Communes lors du débat sur l'amendement (Milner Gibson), lord Derby n'aurait probablement pas l'honneur de s'adresser aujourd'hui à Votre Majesté ».

L'épisode diplomatique que nous avons rapporté porte avec soi un enseignement banal, mais d'une méditation toujours opportune, à savoir que le gouvernement parlementaire est bien pour les peuples la plus sûre garantie contre de redoutables calamités. Supposons qu'en 1858, l'Angleterre eût vécu sous le régime absolu auquel la France était alors soumise; qu'elle eût eu à sa tête un souverain omnipotent dont Palmerston aurait été le bras droit, Palmerston non pas tel qu'il se montra, en effet, devenu pour son honneur avec l'âge et l'expérience un

Fabius Cunctator, mais le Palmerston du *civis romanus*, celui des mariages espagnols, de la question d'Orient : il n'aurait écouté que la chaleur de son premier mouvement ; à la manifestation des colonels, il aurait répondu par un ultimatum qui n'aurait plus permis à la France de reculer, et le canon résonnait de nouveau en Europe. Mais les Chambres sont là, elles veillent à ce que la fougue d'un homme ne compromette pas la chose publique. Des débats ardents viennent à s'engager, des séances orageuses se succèdent où retentissent les paroles les plus téméraires, les discours les plus enflammés ; puis toute cette effervescence s'évapore en fumée ; le calme et le sang-froid reviennent dans les esprits, et deux peuples qui, dans l'ardeur de leur animosité réciproque, allaient jusqu'à réveiller les souvenirs de Crécy, de Poitiers et d'Azincourt, se prennent à songer qu'ils ont dans leur histoire commune un passé moins lointain, et se tendent la main en songeant à la journée d'Inkermann où un général français accourait avec ses troupes pour arracher une armée anglaise au massacre.

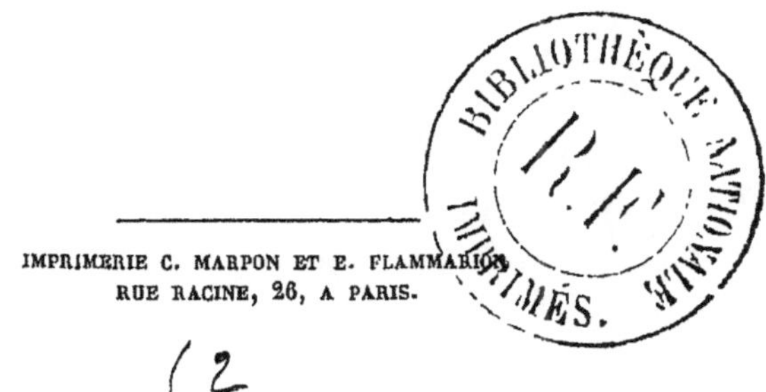

IMPRIMERIE C. MARPON ET E. FLAMMARION,
RUE RACINE, 26, A PARIS.